Marcus Meixner

Corporate Blogs im Marketing - Ziele, Einsatz und Kommunikationsfunktion von Blogs in Unternehmen

GRIN Verlag

Bibliografische Information der Deutschen Nationalbibliothek:

Die Deutsche Bibliothek verzeichnet diese Publikation in der Deutschen National-
bibliografie; detaillierte bibliografische Daten sind im Internet über http://dnb.d-
nb.de/ abrufbar.

Impressum:

Copyright © 2012 GRIN Verlag GmbH
Druck und Bindung: Books on Demand GmbH, Norderstedt Germany
ISBN: 978-3-656-13663-7

GRIN - Your knowledge has value

Der GRIN Verlag publiziert seit 1998 wissenschaftliche Arbeiten von Studenten, Hochschullehrern und anderen Akademikern als eBook und gedrucktes Buch. Die Verlagswebsite www.grin.com ist die ideale Plattform zur Veröffentlichung von Hausarbeiten, Abschlussarbeiten, wissenschaftlichen Aufsätzen, Dissertationen und Fachbüchern.

Besuchen Sie uns im Internet:

http://www.grin.com/

http://www.facebook.com/grincom

http://www.twitter.com/grin_com

Fachhochschule Jena
Fachrichtung Wirtschaftswissenschaften
Seminararbeit

Corporate Blogs im Marketing - Ziele, Einsatz und Kommunikationsfunktion von Blogs in Unternehmen.

Marcus Meixner

Abgabedatum: 08.01.2012

Inhaltsverzeichnis

3

Einleitung

Bereits nach dem Lesen weniger Wörtern entscheiden wir, ob uns ein Text interessant erscheint oder nicht. Bei einem Buch dauert es vielleicht noch einen Moment länger als kurze Internet-Artikel. Durch jeden Klick entscheiden wir, was sich als relevant darstellt und was wir ausblenden. Trotzdem betreiben ca. 200 Mio. Menschen einen Weblog und wollen ihre Gedanken, Ansichten und Informationen mit Anderen teilen und diskutieren.[1]

Blogs sind, neben Wikis – Wissenssammlungen vom Typ Wikipedia – und sozialen Netzwerken, das für Unternehmen beste Format des Web 2.0. Dieser Stellenwert ist neben der rein quantitativen Verbreitung vor allem für den Umstand verantwortlich, dass die Kommunikationsarchitektur von Weblogs zur Herausbildung neuer Öffentlichkeiten beiträgt. Diese ergänzen die bestehenden Mittel des Journalismus und der professionellen Kommunikation, aber fordern diese teilweise auch heraus. Grundideen wie Authentizität, Dialogorientierung und dezentraler Austausch, die mit Weblogs verbunden sind, machen sie für eine Vielzahl von Menschen und Unternehmen attraktiv, die nach Alternativen zur oft als unauthentisch oder gar als manipulativ empfundenen Ansprache durch Massenmedien, Marketing und PR suchen.[2]

Was der konkrete Nutzen von Weblogs für Unternehmen ist, soll im Focus dieser Arbeit stehen. Dafür müssen Begriffe wie Social Software, Web 2.0 oder Blog definiert werden.

Indem sie sich der Merkmale bereits etablierter Web 2.0-Anwendungen bedienen, schließen Weblogs an bekannte Nutzungsmuster an, unterstreichen aber deutlich den Stellenwert des Autors, der regelmäßig zu bestimmten Themen relevante Informationen publiziert. Auch Unternehmen binden in wachsendem Maße Weblogs in ihre Kommunikationsstrategien ein. Diese Arbeit beschreibt überblicksartig die Arten und Konzepte von Blogs besonders im Unternehmenskontext. Abschließend folgen ein Fazit sowie ein kurzer Ausblick über die Zukunft von Corporate Blogs.

---

[1] Vgl. Eck, K. (2007) S.9.
[2] Vgl. Walsh, G / Hass, B.-H. / Kilian, T. (Hrsg.). (2011) S.122.

1 Grundlagen

1.1 Einordnung Social Software

Der Begriff der Social Software ist nicht exakt definiert. Meist wird er für Kommunikationssysteme genutzt, mit denen Menschen kommunizieren, kooperieren und interagieren können. Ein weiteres Kriterium stellt das Selbstmanagement des Nutzers dar sowie eine gemeinschaftsfördernde Struktur. Diese Art von Software gab es bereits schon seit ca. 1997 im Internet und wurde besonders durch das Wikipedia-Projekt seit 2001 populär. Dazu gehören beispielsweise auch die sogenannten Instant-Messaging- und Chat-Programme wie ICQ oder Skype, die eine Kommunikation quasi in Echtzeit erlauben.[3] Heute werden diese Anwendungen oft einfach als Merkmale des Webs 2.0 bezeichnet.

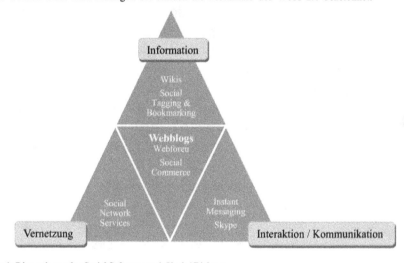

Abbildung 1: Dimensionen der Social Software nach Koch / Richter

---

[3] Vgl. Koch, M. / Richter, A. (2009) S.11f.

1.2 Definition Web 2.0

„Unter dem Begriff Web 2.0 werden Online-Plattformen verstanden, deren Benutzer miteinander kommunizieren, zusammenarbeiten und sich miteinander zu Gemeinschaften vernetzen. Häufig werden diese Plattformen zum Austausch von Informationen, Erfahrungen, Meinungen und Eindrücken genutzt. Der Austausch kann dabei in Form von Text, Bild, Audio oder Video erfolgen [...]."[4]

Prinzipiell ist das, was wir heute allgemein als Web 2.0 bezeichnen, die Summe der Bemühungen, das Internet kommunikations- und benutzerfreundlicher als bisher zu gestalten. In Bezug auf technische Neuerungen und Funktionalität sind jedoch keine grundlegenden Veränderungen festzustellen Der Modebegriff Web 2.0 lässt sich zudem auch gut verkaufen. [5]

1.3 Begriffsherkunft Web 2.0

Das Internet, wie wir es kennen, hat sich in letzter Zeit sehr gewandelt. In den 90er Jahren, also zu der Zeit, in der das WWW noch relativ jung war, bestand es fast nur aus statischen Internetseiten. Es handelte sich dabei überwiegend um Dokumente, die in das Web gestellt und mit Verweisen miteinander verbunden wurden. Die jeweils angegebenen Informationen und Inhalte konnten dabei nicht verändert werden. Diese Dominanz einfacher, statischer Seiten wird als Web 1.0 bezeichnet. Heute sind diese statischen Internetseiten kaum noch anzutreffen. Nichtsdestotrotz verhalf die Weiterentwicklung neuer Internetanwendungen und Web-Techniken vielen Internetseiten zu ungeahnten Erfolgen. So sind diese neuen Entwicklungen in den letzten Jahren zunehmend von einem Trend geprägt, der mit dem Begriff Web 2.0 bezeichnet wird. [6]

Der Begriff Web 2.0 wurde bei einer Brainstorming-Veranstaltung vom Verleger Tim O'Reilly im Jahr 2004 geprägt.[7] O'Reilly beschreibt den Begriff als neue Techniken, Dienste und Formen im Web, die im Laufe der letzten Jahre entstanden sind, immer weiter entwickelt wurden und in ihrer Gesamtheit das Web eindeutig verändert haben. Die Abbildung 2 zeigt verschie-

---

[4] Vgl. http://personalmarketing2null.wordpress.com/die-studie/ S.6 Zugriff: 03.11.2011.
[5] Vgl. Kantel, J. (2009) S. 11 f.
[6] Vgl. http://www.oreilly.de/artikel/web20.html Zugriff: 27.11.2011.
[7] Vgl. http://oreilly.com/web2/archive/what-is-web-20.html Zugriff: 27.11.2011.

dene Aspekte des Webs 2.0. Die wichtigsten Merkmale sind farbig hervorgehoben. Diese sind Nutzerfreundlichkeit, Wirtschaftlichkeit, Gestaltbarkeit, Standardisierung, Weiterverwendbarkeit, Medienübergreifbarkeit und Mitwirkung.

Abbildung 2 Merkmale des Webs 2.0

Auf den ersten Blick wird deutlich, dass sich im Web 2.0 nicht nur die Techniken, sondern auch die Inhalte verändert haben. So ist es nicht mehr nur statisch, sondern es können beispielsweise Texte kontinuierlich und von mehreren Mitarbeitern oder externen Redakteuren hinzugefügt werden. Weiterhin können Daten ausgetauscht werden und eine Mitwirkung aller Beteiligten über soziale Netzwerke ist möglich. Charakteristisch für das Web 2.0 ist die Wandlung des

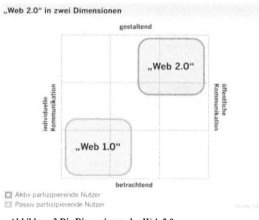

Abbildung 3 Die Dimensionen der Web 2.0

passiven Nutzers hin zum aktiven Gestalter.[8] Diese Entwicklung ist in Abbildung 3 sehr gut zu erkennen. Die User im Web konsumieren nicht mehr nur Inhalte, sondern fangen an zu publizieren und treten in einen Dialog.

1.4 Blogs

Weblogs (kurz: Blogs) sind ein Wortgebilde aus dem englischen Wort „Web" der sich auf das Internet (World Wide Web) bezieht und „Log" das für Aufzeichnung im Stile eines Logbuches bzw. auch Tagebuches verwendet wird.[9] Der Begriff „bloggen" beschreibt dabei das Pflegen und Befüllen mit Inhalten eines Blogs durch die Person, des sog. „Bloggers". Die Gesamtheit aller Blogs im Internet sowie aller daran beteiligter Personen, besonders Autoren und Leser, wird als „Blogosphäre" verstanden.[10] Ein wesentlicher Unterschied zwischen Blogs und normalen Websites ist oft die Vermischung von Informationen mit der eigenen Meinung des Bloggers. Der Leser hat die Möglichkeit die Texte zu kommentieren, um die Bedeutung des Inhaltes zu erweitern oder in einen Dialog mit dem Autor oder anderen Kommentatoren zu treten. Im Unterschied zu den auch sehr beliebten Foren im Internet gibt es einen Autor, der durch seinen Text die Diskussion anstößt und die Kommentare moderiert und somit den Meinungsaustausch lenkt.[11]

[8] Vgl. Alby (2009) S. 15ff.
[9] Vgl Bonfranchi-Simovic, T. Simovic, V. (2010) S. 22.
[10] Vgl. Hettler, U. (2010) S. 43 .
[11] Vgl. Eck, K. (2007) S. 16.

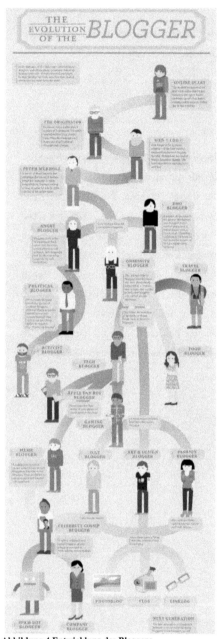

Abbildung 4 Entwicklung des Bloggens

1.4.1 Entwicklung der Blogs

Die ersten Internetseiten, die man als Blogs ansehen kann, waren ab Mitte der 1990er Jahre zu finden. Sie wurden als Online-Tagebücher oder Journale bezeichnet und waren Webseiten, auf denen Internetnutzer regelmäßig Einträge über ihr eigenes Leben machten. Die ersten deutschen Weblogs zu benennen ist sehr schwierig. In den Jahren nach dem Jahrtausendwechsel entstanden die auch heute noch sehr beliebten Blogs wie „Digitale Tage" von Oliver Glasner, „Schockwellenreiter" von Jörg Kantel oder der inzwischen über eBay verkaufte Blog „Basic-Thinking" von Robert Basic.[12]

Im Jahr 1996 starteten die ersten Blog-Anbieter Xanga und blogger.com, die den noch relativ wenigen Internetnutzern auf einfache Weise das Einrichten eines eigenen Weblogs ermöglichten. 1997 wurde eines der ersten Blogs gestartet, welches bis heute unter dem Namen Scripting News besteht. Dieser beschäftigte sich mit Neuigkeiten für Programmierer. Nach einem recht langsamen Wachstum verbreiteten sich Blogs ab Ende der 1990er Jahre viel schneller. Neue Anbieter wie Live Journal oder WordPress kamen hinzu. So wuchs auch Xanga von ca. 100 Blogs im Jahre 1997 auf Schätzungsweise 20 Mio. im Jahr 2005. Seit einigen Jahren wird auch geschäftlich in sogenannten Corporate Blogs publiziert. Auch viele Medien nutzen inzwischen eigene Blogs, um ihren Empfängerkreis zu erweitern und Rückmeldungen von ihren Lesern oder Zuschauern zu bekom-

---

[12] Vgl. http://www.basicthinking.de/blog/2007/07/15/10-jahre-blogs/, Zugriff: 20.12.2011.

men. Wie in Abb.4 zu erkennen ist, bewegten sich Blogs thematisch von reinen Online-Tagebüchern, Linksammlungen und Reiseberichten hin zu politischen und vor allem technischen Themenblogs, die sich mit konkreten Produkten auseinandersetzen.

In Deutschland betreiben laut der Allensbacher Computer- und Technik-Analyse 8,4% der Internetnutzer einen eigenen Blog.[13] Weltweit soll es (Stand: Anfang 2010) insgesamt etwa 200 Millionen Blogs geben und mindestens 200 kostenlose Bloganbieter.[14]

1.4.2 Blogosphäre

Als Blogosphäre wird eine größere Gruppe oder die Gesamtheit aller Weblogs im Internet sowie auch der Austausch zwischen Blogger und Leser bezeichnet.[15] Als Beispiel für eine Unternehmensblogosphäre bietet sich das Projekt „Siemens Blogosphere", das im Juni 2006 für alle Mitarbeiter im Intranet freigeschaltet wurde. Dieses Projekt hat die Zielstellung, das Wissensmanagement im Unternehmen besonders in der Projektarbeit zu verbessern. Dabei war es im eigenen Ermessensspielraum der Mitarbeitern und Teams, ob sie das System nutzen und in ihre Arbeitspraxis einbinden.[16]

1.4.3 Mikrobloging

Besonders bei Nutzern mobiler Endgeräte wie Smartphones oder Tablets, deren Anzahl in den letzten Jahren rasant wuchs, sind Mikroblogs wie Twitter sehr beliebt. Bei Mikroblogs handelt es sich um Blogs, die nur kurze SMS-ähnliche Nachrichten enthalten, die bei Twitter auf 140 Zeichen begrenzt sind. Die Möglichkeit öffentliche Kurzmitteilungen zu versenden wird vor allem für spontane Kommentare und Zustandsberichte in persönlichen Situationen verwendet. Die verknappte Information hat einige Vorteile für den Leser. Die kurzen Nachrichten sind schnell gelesen und erfasst. Man kann viele Twitter-Beiträge, die sog. Tweets schnell nach relevanten Informationen scannen und nach Begriffen in öffentlichen Tweets suchen.

---

[13] Vgl. http://de.statista.com/statistik/daten/studie/168911/umfrage/haeufigkeit-der-beschaeftigung-mit-dem-eigenen-weblog-im-internet/ Zugriff: 02.12.2011.
[14] Vgl. http://www.heise.de/newsticker/meldung/Medienexperte-Zeitungen-werden-verschwinden-908468.html Zugriff 9.12.2011.
[15] Vgl. Bernet, M. (2010) S.171.
[16] Vgl. Back, A. / Gronau, N. / Tochtermann, K. (2009) S. 192 ff.

Die Übermittlung findet in Echtzeit statt und die Bandbreite von Themen hängt stark davon ab, welchen Personen oder Organisationen man selbst auf Twitter folgt.[17]

Abbildung 5: Weboberfläche Mikroblogdienst Twitter

1.5 Typische Merkmale von Blogs

Es gibt viele Funktionen, die typischerweise bei Blogs vorzufinden sind. Diese können jedoch von Weblog zu Weblog variieren und sind somit nicht bei jedem Blog gleich. Die Funktionalitäten hängen von den Einstellungen und Vorlieben der Blog-Autoren, sowie der gewählten Blog-Software ab. Das wichtigste Merkmal eines Blogs sind Einträge, die sog. Posts. Der Inhalt kann von Text, Bildern bis hin zu Audio- oder Videodateien reichen. Gemeinsam haben Blogs auch eine inverse Chronologie der einzelnen Posts. Dabei steht der neuste Beitrag immer oben, während ältere Beiträge weiter unten oder in einem Archiv zu finden sind.[18] Die Blogeinträge können entweder am PC, Laptop oder Smartphone geschrieben werden.

Folgende Funktionen sind bei Blogs häufig zu finden und sollen nun näher erläutert werden:

---

[17] Vgl. Alby, T. (2008) S. 113 f.
[18] Vgl. Drees, N. (Hrsg.) (2009) S.5.

1.5.1 Kommentarfunktion

Die Kommentarfunktion ermöglicht es den Lesern, eine eigene Meinung zu einem Eintrag zu veröffentlichen. Bei den meisten Blogs kann man festlegen, ob der Kommentar sofort angezeigt wird oder moderiert, also vom Inhaber inhaltlich geprüft und dann freigeschaltet werden wird. Das wird vor allem dafür angewandt, um Beschimpfungen und Spam in den Weblogs zu verhindern. Diese Funktion ist wohl eine der zentralen eines Blogs, da sie die direkte Kommunikation zwischen Verfasser und Leser ermöglicht.[19]

1.5.2 Permanent-Link

Der Permanent Link ist eine eindeutige, nicht veränderbare Webadresse für jeden einzelnen Eintrag. Mithilfe dieser kann man den Beitrag sowohl verlinken, als auch direkt auf ihn zugreifen. Dadurch ist es möglich für andere User oder Blog-Autoren direkt einzelne Texte anstatt des gesamten Weblogs zu verlinken. Ein anderer Effekt ist, dass sich durch den permanenten Link die Auffindbarkeit in Suchmaschinen verbessert.[20]

1.5.3 Feed

Die Feeds enthalten nur Informationen über den Inhalt, nicht jedoch über das Layout. Die Feeds kann man abonnieren. Mithilfe von Feed-Readern werden die Inhalte von mehreren Blogs dann zusammengeführt. Damit kann der User mehrere Blogs auf einen Blick überschauen und erkennen, in welchem abonnierten Weblog es neue Beiträge gibt. Diese Beiträge können auch gleich im Feed-Reader gelesen werden. Dies erleichtert die Auswertung der Weblogs.[21]

1.5.4 Tag

Tags (Schlagworte) bieten eine Selektionsfunktion und können mit Blog-Artikeln verknüpft werden. Dadurch ist es möglich Einträge zu listen und zu gewichten. Die im Blog genannten Schlagwörter sind so auch auf visuell eindrucksvolle Weise darstellbar (Tag Cloud). Diese

---

[19] Vgl. ebd.
[20] Vgl Bonfranchi-Simovic, T. Simovic, V. (2010) S. 27 ff.
[21] Vgl. Alby, T. (2009) S. 23.

Funktion hilft bei der Auswahl und Sortierung von Beiträgen. Das Tagen liefert die Möglichkeit des Einsatzes von Suchmasken oder Themenkategorien im Blog.[22]

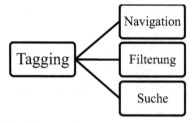

Abbildung 6 : Funktionen von Tags

1.5.5 Trackback

Trackback ist eine Funktion zur Verknüpfung mehrerer Weblogs, eine Art beidseitige Referenz. Wenn ein Blogger auf einen Beitrag eines anderen Bloggers Bezug nimmt, wird unter diesen ein Link des zitierten Textes gesetzt.. So wird der verlinkte Blogger und dessen Leser darüber in Kenntnis gesetzt, dass ein anderer Blogger auf seinen Beitrag verwiesen hat. Durch diese verstärkte Vernetzung untereinander entsteht die Blogosphäre[23]

---

[22] Vgl. Bernet, M. (2010) S.178.
[23] Vgl. Giudice, E.-M.. (2007) S.23.

2. Kommunikationsfunktion von Blogs

2.1 Dialogorientierte Kommunikation

Ausschlaggebend für die Nutzung eines Blogs als Kommunikations-Plattform ist die Struktur eines Blogs. Im Gegensatz zu geläufigen Webseiten ist die dialogorientierte Kommunikation Sinnbild dieser internetbasierten Journale. Den Dialog eröffnet und steuert der Blogger durch Funktionen wie Trackback und Kommentar. Auf dieser Plattform wird debattiert, diskutiert und Meinungen ausgetauscht. Der Gedankentransfer hat seine eigne Dynamik und kann für beide Seiten fördernd sein, besonders für das Unternehmen. Beispielsweise nutzt das Unternehmen Microsoft das Potenzial der dialogorientierten Kommunikation von Blogs. In tausenden firmeneigenen Blogs kommunizieren Produktmanager und Entwickler mit den Kunden, um Kritik, Vorschläge und Ideen herauszufiltern. Die Bedeutung der Blogs bei Microsoft geht soweit, dass Entwicklungsteams angehalten werden, neueste Produktanwendungen vorab im Blog kundzugeben und deren Kundenfeedback in den Entwicklungsprozess mit einzubinden. Zusätzlich durchleuchtet das Unternehmen die Blogosphäre nach interessanten Inhalten und Blogs, um aktiv am Dialog mit potenziellen Kunden teilzunehmen.[24]

2.2 Kommunikationsstil

Die Kommunikation verfolgt marktrelevante Ziele, wie Absatzsteigerung, Kundengewinnung oder Kundenbindung. Zum Erreichen dieser Vorsätze muss der Kunde vom Produkt bzw. Unternehmen überzeugt werden. Auf die Leser kann auf unterschiedliche Art Einfluss ausgeübt werden. Zum einen will der Kommunikator Verhalten beeinflussen, das heißt, er versucht seine Interessen durchzusetzen, indem er gezielt die emotionale Bindung nutzt, um z.B. Produkte anzupreisen.[25] Andererseits überzeugt der argumentative Dialog mit dem Versuch, Problematiken zu klären. Beide Parteien tragen ihre Argumente vor, und es wird versucht, einen gemeinsamen Konsens zu finden. Hingegen tritt bei der informativen Kommunikation die Einflussnahme in den Hintergrund. Das Vermitteln von Sachkenntnissen gewinnt an Bedeutung, da hiermit die unterschiedlichen Adressaten auf verschiedene Weise angesprochen werden können. Weblogs bedienen sich dieser vorgestellten Kommunikationsformen.[26]

[24] Vgl. Wright,J (2006), S.26 ff.
[25] Vgl. Zerfaß, A. / Boelter, D. (2005). S. 71.
[26] Vgl. Zerfaß, A. / Boelter, D. (2005). S. 72.

2.3 Blogsoftware am Beispiel WordPress

Rein technisch gesehen ist die Einrichtung und der Betrieb von Blogs recht einfach. Neben den zwei großen öffentlichen Internet-Plattformen „wordpress.com" und „blogger.com", welche sich eher an den privaten Anwender richten, gibt es freie Software, um einen Blog oder sogar Blog-Server einzurichten. Viele der in großen Unternehmen genutzten Intranet-Content-Management-Systeme wie beispielsweise Microsoft SharePoint oder IBM Lotus haben die Möglichkeit einen Weblog zu erstellen bereits integriert. Diese bereits in den Firmen vorhandenen Systeme, haben den Vorteil, das bereits vorhandene Benutzermanagement zu verwenden, so dass keine spezielle Nutzerverwaltung für die Blogs notwendig ist.[27]

WordPress ist eine Software zur Verwaltung von Inhalten einer Website, z.B. Texte und Bilder. Sie wird insbesondere zum Aufbau und zur Pflege von Blogs genutzt, da die Software erlaubt, jeden Beitrag einer oder mehreren frei wählbarer Kategorien zuzuweisen, und automatisch entsprechende Navigationselemente erzeugt. Gleichzeitig ist es auch möglich unkategorisierte Einzelseiten zu erzeugen. Laut Schätzungen und Studien ist WordPress die weltweit mit Abstand am weitesten verbreitete Blog-Software. [28] Auch in Deutschland erfreut sich diese Software außerordentlicher Beliebtheit.[29] Gründe hierfür sind vor allem die einfache Bedienbarkeit, kostenlose Verfügbarkeit sowie die Einhaltung aller Webstandarts. Das hat zur Folge, dass WordPress-Blogs gut von Suchmaschinen gefunden werden, beziehungsweise einfach für diese zu optimieren sind. Dadurch, dass es sich um „Open Source"-Software handelt, hat sich eine rege Community von Entwicklern gebildet, die viele tausend Layouts und Plug-Ins zur Erweiterungen der Funktionen kostenlos zur Verfügung stellen.[30]

Weiterhin bietet das System viele Funktionen, die typisch für Blogs sind automatisch an, wie beispielsweise die Kommentarfunktion, RSS-Feed und Permanent-Links. Viele weitere Funktionen zeigen, dass sich WordPress immer mehr in Richtung eines vollwertigen „Content-Management-Systems" entwickelt.[31] Ein weiterer Vorteil besteht darin, dass man entweder die Software herunterlädt und auf seinem eigenen Server installiert oder man direkt von der Seite wordpress.com seinen privaten Blog kostenlos hosten lassen kann.

3 Corporate Blogs

---

[27] Vgl Koch, M / Richter, A. (2009) S. 32.

[28] Vgl. http://w3techs.com/technologies/overview/content_management/all Zugriff:16.12.2011.

[29] Vgl http://playground.ebiene.de/deutsche-setzen-auf-wordpress/ Zugriff:16.12.2011.

[30] Vgl. Bonfranchi-Simovic, T. Simovic, V. (2010) S. 38 ff.

[31] Vgl Bonfranchi-Simovic, T. Simovic, V. (2010) S. 27 ff.

„Corporate Blogs sind Blogs, die von Unternehmen geführt werden. Grundsätzlich gibt es hier zwei verschiedene Möglichkeiten, wie ein Unternehmen Corporate Blogs nutzen kann, nämlich externes Blogging und internes Blogging. Externes Blogging heißt, dass das Unternehmen in einem unternehmensfremden Blog aktiv ist. Internes Blogging bezeichnet das Betreiben eines unternehmenseigenen Blogs."[32]

In der deutschen Wirtschaft tauchte das Thema erstmals im Jahre 2006 auf. Während amerikanische Medien bereits ein Jahr zuvor die Relevanz von Blogs für Unternehmen erkannten, titelte 2006 die deutsche Presse: „Fischen im Web – Die Internet-Community 2.0 eröffnet neue Chancen für den Vertrieb" (Acquisa 11/2006).[33] Die Blog-Autoren schreiben zwar im Auftrag eines Unternehmens, was jedoch nicht heißt, dass sie ihre Persönlichkeit ablegen sollten. Das ist der zentrale Ansatz von Blogs, Texte, die Stellung beziehen, die eine persönliche Note haben, die bewerten und, wo es nötig ist, auch mal Kritik üben. Deshalb ist es besonders wichtig, dass es zentrale Leitlinien im Unternehmen gibt und eine Blog-Philosophie herauszuarbeiten ist, um diese in ihren Artikeln umzusetzen. Was grenzt diese von anderen ab? Was bekommen Leser bei jenen Unternehmen, was sie bei anderen nicht finden? Ein Blog ist nämlich nicht nur ein Marketing-Tool, sondern vor allem auch ein Instrument, dass durch Authentizität zum Aufbau einer positiven Unternehmensreputation beiträgt.[34]

3.1. Zielgruppen von Corporate Blogs

Ob ein Unternehmen bloggt oder nicht, unterliegt mehreren Einflussfaktoren. Einer davon ist die relevante Zielgruppe, die mit dem Weblog erreicht werden soll. Die Besucher der Blogosphäre gehören zu den Intensivnutzern des Internets, was die Nutzungsintensität, so wie die Nutzungsvielfalt betrifft. Dabei verfügen diese Personen über eine höhere Affinität bezüglich des Internets als andere Webnutzer.[35]

Unternehmen sollten sich fragen, welche Rolle ihr Corporate Blog gegenüber den definierten Zielgruppen spielen soll. Welchem Zweck dient er? Möchte man die Online-Reputation verbessern, indem man sich als Experte positioniert oder will man Neukunden gewinnen? Steht die dialogorientierte Kommunikation im Vordergrund oder ist es ein CEO-Blog, auf dem sich nur die Geschäftsführer äußern? Die Einsatzmöglichkeiten sind beliebig erweiterbar. Auf kei-

[32] Guidice (2007) S.38.
[33] Vgl. Eck, K. (2007) S.27.
[34] Vgl. http://blog.marketingshop.de/gewusst-wie-zielgruppenansprache-mit-coporate-blogs/ Zugriff:20.12.2011.
[35] Vgl. Guidice. E. M. (2007) S.58.

16

nen Fall darf der Blog ausschließlich Werbezwecken dienen. Direkte Produktwerbung oder die Platzierung von Pressemitteilungen gehören nicht in einen Corporate Blog.[36]

3.2. Nutzen von Corporate Blogs

Über Unternehmen und Produkte wird sich immer ausgetauscht, sei es in privaten Gesprächen oder auch in Blogs. Um den Dialog im Sinne des Unternehmens zu beeinflussen bietet sich diese Plattform an.[37] Wenn es dem Unternehmensblog gelinkt authentisch und offen wahrgenommen zu werden, ermöglicht er eine ganz neue Qualität im Kontakt zum Kunden. Ein Blog kann dabei Marketingmaßnahmen zur Informationsbeschaffung wie Zielgruppenanalyse, Befragungen oder Mailings und Newsletter ergänzen und auch teilweise ersetzen. Ein wichtiger Unterschied zu klassischer Werbung besteht darin, dass sich der Blogleser freiwillig informiert und selbst aktiv an der Kommunikation teilnimmt. Streuverluste wie bei anderen Marketing-Instrumenten können damit weitgehend ausgeschlossen werden.[38] Der Nutzen kann sich reichhaltig und unterschiedlich gestalten, je nach Aufbau und Art des Blogs. Voraussetzung ist natürlich ein auf Ziele fokussierter und strategischer Einsatz des Blogs.

3.3. Arten von Corporate Blogs

Es gibt verschiedene Möglichkeiten Blogs zu typisieren und Einsatzmöglichkeiten im Unternehmen. In Abb. 7 ist die von mir erstellte Typologie von Weblogs in der Unternehmenskommunikation dargestellt. Dabei habe ich mich von Bernet, M (2010) inspirieren lassen. Anschließend werden ausgewählte Blogarten vorgestellt. In der Praxis gibt es durchaus auch Mischformen und unterschiedliche Ausprägungen der Blogarten, auch die Kombination von verschiedenen Funktionen ist üblich.

---

[36] Vgl. http://blog.marketingshop.de/gewusst-wie-zielgruppenansprache-mit-coporate-blogs Zugriff:20.12.2011.
[37] Vgl. Ably, T. (2007) S. 41 f.
[38] Vgl. Wright, J. (2006) S.22.

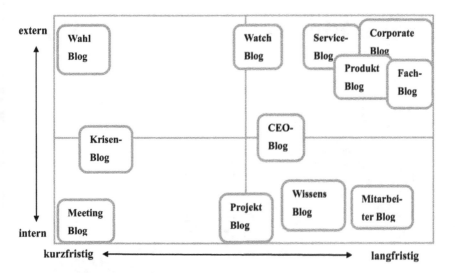

Abbildung 7: Arten von Blogs

Nachfolgend werden die in Abbildung 7gezeigten Blogtypen kurz erläutert

Wissens- oder Knowledgesblogs werden vor allem im Unternehmens-Intranet verwendet und dienen als Wissensspeicher und zur Organisation von Prozessen. Einzelne Mitarbeiter oder Teams führen persönliche Journale. Sie können so untereinander auf das Wissen anderer Mitarbeiter zugreifen und selber Erfahrungen weitergeben, sie kommentieren und mit den Autoren des Blogs kommunizieren.[39]

Meeting-Blogs protokollieren den Inhalt von Treffen oder Events. Inhalte sind in der Regel Verschlüsselt und können nur von autorisierten Mitarbeitern geführt und verwaltet werden.

Service-Blogs sollen Kunden zusätzliche Informationen zu Produkten und Dienstleistungen geben und es ihnen ermöglichen, Verbesserungsvorschläge zu machen. Kunden werden betreut, sollten sie Probleme haben und wenn möglich werden Lösungen gemeinsam erarbeitet.[40]. Als Beispiel hierfür passt das Bloghaus von Yellostrom. Es lädt mit seinem Blog zum Dialog ein, sucht den Austausch, möchte mit seinen (potenziellen) Kunden ins Gespräch kommen und informieren. Es werden z.B. Fragen zum Thema Anbieterwechsel beantwortet und Ängste in diesem Zusammenhang abgebaut.[41]

---

[39] Vgl. Drees, N. (Hrsg.) (2009) S.18.
[40] Vgl. ebd.S.19.
[41] Vgl. http://t3n.de/news/corporate-blogs-comeback-jahres-352930/ Zugriff: 20.12.2011

Abbildung 4 Das Bloghaus von YelloStrom

Projektblogs dienen der Unterstützung und Förderung von Kommunikation im Projektge-schäft. Mitarbeiter können sich intern untereinander austauschen, um z.B. über aktuelle Ar-beitsstände zu informieren. Sie werden auch zur Zusammenarbeit mit Zulieferern und Part-nern eingesetzt, um Arbeitsprozesse zu begleiten und zu dokumentieren.[42]

Krisenblog unterstützen die Unternehmenskommunikation in Krisensituationen wie bei-spielsweise Rückrufaktionen, um in einen Dialog mit allen Beteiligten zu treten. So kann eine Kommunikationskrise abgewendet werden und das Unternehmen Handlungsfähigkeit de-monstrieren.[43]

Kampagnenblogs sind zeitlich begrenzt angelegt und sollen eine PR- oder Werbekampagne unterstützen. Vor allem mit dem Zweck Aufmerksamkeit zu schaffen und crossmedial Inhalte in allen Social-Media-Kanälen zu platzieren, z.B. vor einer Produkteinführung.[44]

Fach- und Themenblogs thematisieren nicht explizit bestimmte Produkte und Marken son-dern stellen Fachgebiete inhaltlich vor, beispielsweise mit Hilfe von Studien. Das Unterneh-

---

[42] Vgl. Zerfaß, A. / Boelter, D. (2005). S. 187 ff.
[43] Vgl. Drees, N. (Hrsg.) (2009) S.26.
[44] Vgl. Zerfaß, A. / Boelter, D. (2005). S. 126.

men kann damit seine Kompetenz in relevanten Bereichen nachweisen. Insbesondere für kleinere Anbieter und Beratungsfirmen bieten sich Themen-Blogs zur Profilierung an.[45]

Bei **Produkt- und Markenblogs** ist der Fokus jeweils auf das Produkt bzw. die Marke gelegt. Dabei gibt es viele Ansatzpunkte zur klassischen Werbung sowie zur Kundenkontaktpflege. Besonders interessant ist diese Art von Blog für junge Start-Up-Unternehmen. Beispielsweise konnte 2007 das Start-Up „mymuesli.de" durch seinen Blog vor dem Onlinegang des eigentlichen Angebotes (frei zusammenstellbares Müsli) für so viel Aufmerksamkeit sorgen, dass der größte deutsche Blog „basic-thinking.de" und klassische Medien darüber berichteten.[46] Aber auch Marken wie Jack Wolfskin[47] können im Bereich der Outdoor-Bekleidung und Ausrüstung von einem Produkt- und Markenblog profitieren. Ziel dabei ist die Kontaktaufnahme zu anderen Outdoor-Begeisterten, um Produkte zu diskutieren und im Einsatz zu zeigen.

Abbildung 9: Jack Wolfskin Outdoorblog

In **CEO-Blogs (Chief Executive Officer)**- oder **Executive-Blogs**: schreiben Mitglieder des Unternehmensvorstandes ein persönliches Blog. Zu den bekanntesten zählt der Blog von Jonathan Schwartz, CEO von Sun Microsystems und „George Colony CEO" von Forrester Re-

---

[45] Vgl. Giudice, E.-M.. (2007) S.57 ff.
[46] Vgl. Drees, N. (Hrsg.) (2009) S.23.
[47] Vgl. http://blog.jack-wolfskin.com Zugriff: 15.12.2011.

search[48]. Ein bekanntes Beispiel in Deutschland für einen CEO-Blogger war Ex-Siemens-Chef Klaus Kleinfeld. Führungskräfte haben die Möglichkeit, das Publikum direkt anzusprechen, was natürlich auch zu kontroversen Diskussionen führen kann. Inhalte sind oft Strategie- und Branchenthemen.[49]

Im **Mitarbeiterblog** sollen einfache Angestellte über das Unternehmen schreiben. Dieses greift nach Möglichkeit nicht ein und stellt lediglich die Blog-Infrastruktur zur Verfügung. Hintergrund ist vor allem, dass man sich über die Alltagsberichte als guter Arbeitgeber positionieren kann.

Ein **Watchblog** ist kein vom Unternehmen gesteuerter Blog. Watchblogger beobachten kritisch vor allem Wirtschaft, Politik oder Medien. Im Netz übernehmen Watchblogger zwar die Funktion von kritischen Beobachtern, sie gehen dabei aber anders vor als Journalisten, weil sie nicht an eine journalistische Berufsethik oder Sorgfaltspflicht gebunden sind.[50] Bekannteste Beispiele sind „Googlewatchblog.com" oder in Deutschland „Bildblog.de", der sich kritisch mit der größten deutschen Tageszeitung auseinandersetzt.

---

[48] Vgl. http://blogs.forrester.com/ceo_colony Zugiff:02.12.2011.
[49] Vgl. Komus, A. / Wauch, F. (2008) S.9.
[50] http://www.netzthemen.de/dachtler-watchblogger/1-1-die-blogosphare Zugriff: 17.12.2011.

4. Einsatzmöglichkeiten anhand eines Praxisbeispiels

Wie auch bei anderen Instrumenten der Unternehmenskommunikation müssen Regeln definiert werden wie nach außen aufgetreten werden soll. Auch müssen die Ziele der Corporate Blogs definiert werden. Die Firma T-Systems Multimedia Solution pflegt eine ganze Reihe von Unternehmensblogs, wie in Abb. 10 zu erkennen ist. Obwohl die Bandbreite an Themen sehr groß ist, wurden folgende übergeordnete Zielstellungen für alle Blogs definiert.

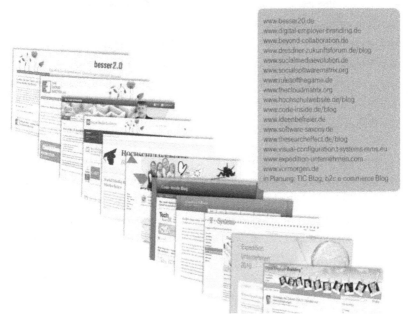

Abbildung 10: Bloglandschaft T-System Multimedia Solution GmbH

4.1 Zielsetzung und Social Media Guidelines

Durch die Corporate Blogs sollen erreicht werden, dass ein Einblick in das Tagesgeschäft der T-Systems MMS entsteht und interne Eindrücke vermitteln werden können.

Folgende weitere Punkte wurden festgehalten:

- Transparenz in der Unternehmenskommunikation
- Dialog schaffen mit Meinungsführern, Kunden, Partnern und anderen Interessierten
- Sichtbarkeit erhöhen
- Image und Bekanntheit ausbauen
- Blog als zentrale Plattform für alle Kommunikationsaktivitäten, d.h. andere Blogs und

Social Media Kanäle

- Einbindung der Inhalte von Blogs sowie weiterer Social Media Kanäle auf der Unternehmenshomepage in einem Newsroom auf http://newsroom.t-systems-mms.com/
- Persönlichkeit geben: ein Gesicht mit vielen Facetten

Im Vorbereitungsprozess der Unternehmensblogs mussten viele Fragen geklärt und einheitliche Regeln gefunden werden. Beispielsweise die Frage inwieweit es erlaubt oder notwendig ist, den Corporate Blog von der Corporate Identity bzw. dem Corporate Design abzuheben. Als Minimum wurde festgelegt, dass das Logo auf der Startseite enthalten sein muss. Des Weiteren wurde vor jedem Blogstart eine Überprüfung der Vereinbarkeit mit Richt- und Leitlinien des Telekom Konzerns festgeschrieben, z.B. in Fragen des Datenschutzes.

Dies führte zu einer verbindlichen Regelung, den sog. Social Media Guidelines. Diese gelten nicht nur für Blogs, sondern auch für Kanäle wie z.B. Facebook, Twitter, Youtube, Slideshare und viele andere.[51] Ein Auszug daraus wird nachfolgend vorgestellt.

„Wir wahren die guten Sitten. Wir achten die Rechte Dritter.

Alles kann gesagt werden; ausgenommen sind vertrauliche Informationen (zum Beispiel über unser Unternehmen, über Kollegen, Kunden und Partner).

Jedem von uns sollte klar sein, dass andere uns leicht als Mitarbeiter von T-Systems Multimedia Solutions identifizieren können. Wir sind uns bewusst, dass unsere Äußerungen auch immer Auswirkungen auf unser Unternehmen haben können.

Bei Fragen, die sich im Zusammenhang mit Aktivitäten in sozialen Netzwerken stellen, hilft der Bereich MCC. Sollten kritische oder imageschädigende Vorfälle bekannt werden, ist dieser Bereich zu informieren. Evtl. erforderliche Reaktionen auf diese Vorfälle werden von Führungskräften bzw. in Abstimmung mit diesem Bereich durchgeführt."[52]

4.2. E-Commerce Blog Kanal-Egal

Ein Blog-Projekt, das ich selbst im Moment bei T-Systems Multimedia Solutions mit aufbaue, ist der Blog „Kanal-Egal.de". Der Corporate Blog ging am 06.12.2011 online und soll Beiträge, Brancheninformationen, Trends und Technologiethemen im E-Commerce liefern. Wie der Name schon sagt, liegt ein Fokus auf unterschiedlichen Kanälen im Handel sowie die intelli-

---

[51]Vgl. http://www.digital-employer-branding.de/employerbranding/einsatz-von-social-media-guidelines-unternehmen-realitt-oder-noch-reine-theorie/ Zugriff:19.12.2011.
[52] Auszug aus den Social Media Guidelines von T- Systems Multimedia Solutions GmbH.

23

gente Verknüpfung verschiedener Kanäle. Der Blog wird von Mitarbeitern der Abteilung „E-Business Solution" betrieben, die möglichst über alle Facetten des E-Commerce und ihrer Arbeit berichten sollen. Während der Konzeption des Blogs wurde bewusst auf viele typische Blog-Merkmale verzichtet, wie z.b. Tagclouds, Twitter-Anbindung oder der bekannte Facebook Like-Button und auch das Design wurde recht minimalistisch gestaltet. Hintergrund ist die Konzentration auf die Inhalte und das bewusste Abgrenzen von anderen E-Commerce-Blogs. Durch den Einsatz von Analyse-Tools und Leserfeedback soll der Blog in Zukunft weiterentwickelt werden.

Abbildung 11: E-Commerce Blog www.kanal-egal.de

5. Fazit und Ausblick

Das Bloggen ist keine Zeitverschwendung. Wenn die Inhalte stimmen und sie einfach zu finden und benutzen sind, kann dies die Menschen aktiver und produktiver machen. Gewinner sind vor allem Unternehmen, Geschäftsführer und Mitarbeiter, die sich darauf einlassen, einen offenen Dialog auf Augenhöhe zu führen.[53]

Große Konzerne, wie Sun oder Microsoft in den USA, waren die Vorreiter für diese Technik bzw. Art der Kommunikation und haben gezeigt, dass sich sowohl die interne und externe Nutzung lohnt. Die vorliegende Arbeit zeigt, dass viele Unternehmen schon auf Corporate Blogs im Marketing setzten. Besonders die vielen verschiedenen Einsatzmöglichkeiten des Mediums Blog machen dessen Reiz aus.[54]

Wenn die ganze Welt über Facebook redet, wirken dann nicht Corporate Blogs schon recht altmodisch und in ihrer Bedeutung sinkend? In erster Linie ist es nicht nur das Design und der Aufbau eines Blogs, was eine Rolle spielt, sondern in besonderer Weise die Inhalte. Denn egal, ob Facebook oder Corporate Blog – ohne interessanten Inhalt geht es nicht .Es ist die Rückbesinnung auf das Erzählen von eigenen Geschichten und das Wecken von Emotionen. Das sog. Storytelling über Text, Videos, Fotos und andere Medien, ist in Blogs besonders gut möglich. Eine deutliche und einheitliche Bildsprache unterstreicht dies. Wie aber auch in der klassischen Werbung gilt, wird man nur wahrgenommen, wenn man interessante Inhalte liefert. Anderenfalls ist der Leser weg.. Ich bin zuversichtlich, dass Corporate-Blogging auch in den nächsten Jahren eine wichtige Rolle in der eigenen Darstellung und Kommunikation von Unternehmen spielen wird. Allein der Fakt, dass über die Blogsoftware WordPress jeden Tag ca. 50.000 neue Blogs online gehen, ist beachtenswert. Ob diese auch mit interessanten Inhalten befüllt werden, der sie einzigartig macht, ist eine ganz andere Frage. Das Schreiben ins Internet abseits von Facebook und Twitter wird sicher nicht so bald aussterben. Denn womit sollten die Timelines und Statusmeldungsströme abseits von privaten Erlebnisse gefüllt werden, wenn nicht mit guten Inhalten aus Blogs?[55]

---

[53] Vgl. Qualman, E. (2010) S.227 ff.
[54] Vgl. Drees, N. (Hrsg.) (2009) S.30.
[55] Vgl. Vgl. http://t3n.de/news/corporate-blogs-comeback-jahres-352930/ Zugriff: 15.12.2011.

Literatur- und Quellenverzeichnis

Alby, T. (2008): Web 2.0 Konzepte, Anwendung, Technologien, 3. Auflage, Carl Hanser Verlag, München.

Anderson, E. (2010): Social Media Marketin; Game Theroy and the Emergence of Collaboartion, Axel Springer Verlag, Heidelberg-Berlin.

Back, A. / Gronau, N. / Tochtermann, K. (2009): Web 2.0 in der Unternehmenspraxis; Grundlagem, Fallstudien und Trends zum Einsatz von Social Software, 2. Auflage, Oldenbourg Verlag, München.

Bernet, M. (2010): Social Media in der Medienarbeit; Online-PR im Zeitalter von Google, Facebook und Co, VS Verlag für Sozialwissenschaften, Wiesbaden.

Bonfranchi-Simovic, T. / Simovic, V. (2010): Wordpress; Das Praxisbuch, 4. Auflage, mitp Verlag, Heidelberg.

Drees, N. (Hrsg.) (2009): Unternehmenskommunikation; Weblogs als Kommunikationsinstrument für Unternehmen von Eric Seidel , Fachhochschule Erfurt, Erfurt.

Eck, K. (2007): Corporate Blogs; Unternehmen im Onlinedialog zum Kunden, Orell Füsslie Verlag, Zürich.

Giuduce E. M. (2008): Weblogs für Unternehmen: Einsatz und zielorientierte Bewertung, Tectum Verlag, Heidelberg .

Hettler, U. (2010): Social Media Marketing; Marketing mit Blogs, Sozialen Netzwerken und weiteren Anwendungen des Web 2.0, Oldenbourg Verlag, München.

Kantel, J. (2009): Per Anhalter durch das Mitmach-Web, Publizieren im Web 2.0, mitp-Verlag, Heidelberg.

Koch, M. / Richter, A. (2009): Enterprise 2.0; Planung, Einführung und erfolgreicher Einsatz von Social Software in Unternehmen, 2. Auflage, Oldenbourg Verlag, München.

Komus, A. / Wauch, W. (2008): Wikimanagement; Was Unternehmen von Social Software und Web 2.0 lernen können, Oldenbourg Verlag, München.

Pötter, A. (2009): Business-to-Business Markenführung im Web 2.0. Möglichkeiten der Einflussnahme und Maßnahmen zur Gegensteuerung, Diplomica Verlag, Hamburg.

Qualman, E. (2010): Socialnomics; Wie Social Media Wirtschaft und Gesellschaft verändern, mitp Verlag, Heidelberg.

Walsh, G / Hass, B.-H. / Kilian, T. (Hrsg., 2011): Web 2.0: Neue Perspektiven für Marketing und Medien, 2. Aufl. Springer Verlag, Berlin.

Wright, J. (2006): Blog-Marketing als neuer Weg zum Kunden; Mit Weblogs die Kunden erreichen die Marke stärken und den Absatz fördern, Redline Wirtschaft, Heidelberg.

Online- und Internetquellen

Ehms, K. (2010): Persönliche Weblogs in Organisationen Spielzeug oder Werkzeug für ein zeitgemäßes Wissensmanagement? Dissertation Universität Augsburg
http://opus.bibliothek.uniaugsburg.de/volltexte/2010/1542/pdf/Diss_Ehms_Weblogs.pdf

Jessat C. Gewusst wie: Zielgruppenansprache mit Corporate Blogs
http://blog.marketingshop.de/gewusst-wie-zielgruppenansprache-mit-coporate-blogs/
Zugriff: 20.12.2011.

Knabenreich H. (2010) Definiton Web 2.0
http://personalmarketing2null.wordpress.com/die-studie/ S.6 Zugriff: 03.11.2011.

Müller S. Analyse: 78 % der deutschsprachigen Blogs setzen auf WordPress http://playground.ebiene.de/deutsche-setzen-auf-wordpress/ Zugriff:16.12.2011.

Rehn D. Corporate Blogs – das Comeback des Jahres,http://t3n.de/news/corporate-blogs-comeback-jahres-352930/ Zugriff: 20.12.2011.

Schulz K. http://www.digital-employer-branding.de/employerbranding/einsatz-von-social-media-guidelines-unternehmen-realitt-oder-noch-reine-theorie/ Zugriff:19.12.2011.

O.V. Begriffsherkunft Web 2.0 http://www.oreilly.de/artikel/web20.html Zugriff: 27.11.2011.

O.V. http://oreilly.com/web2/archive/what-is-web-20.html Zugriff: 27.11.2011.

O.V. 10 Jahre Blogs http://www.basicthinking.de/blog/2007/07/15/10-jahre-blogs Zugriff: 20.12.2011.

O.V. Daten Blog Nutzung http://de.statista.com/statistik/daten/studie/168911/umfrage/haeufigkeit-der-beschaeftigung-mit-dem-eigenen-weblog-im-internet/ Zugriff: 02.12.2011.

O.V. http://w3techs.com/technologies/overview/content_management/all Zugriff:16.12.2011.

O.V. http://www.heise.de/newsticker/meldung/Medienexperte-Zeitungen-werden-verschwinden-908468.html Zugriff 9.12.2011.

O.V. http://w3techs.com/technologies/overview/content_management/all Zugriff:16.12.2011.

O.V. http://blog.jack-wolfskin.com Zugriff: 15.12.2011.

O.V. http://blogs.forrester.com/ceo_colony Zugriff 02.12.2011.

O.V. http://www.netzthemen.de/dachtler-watchblogger/1-1-die-blogosphare Zugriff: 17.12.2011.

28

Abbildungsverzeichnis

Abb. 1 Dimensionen der Social Software, Quelle: Eigene Darstellung vgl. Koch, M. / Richter, A. (2009) S.14: Enterprise 2.0; Planung, Einführung und erfolgreicher Einsatz von Social Software in Unternehmen, 2. Auflage, Oldenbourg Verlag, München.

Abb. 2 Merkmale des Webs 2.0 Quelle: http://kosmar.de/archives/2005/11/11/the-huge-cloud-lens-bubble-map-web20/ Zugriff: 01.12.2011.

Abb. 3 Die Dimensionen des Web 2.0 Quelle: Pötter, A. (2009) S.12: Business-to-Business Markenführung im Web 2.0. Möglichkeiten der Einflussnahme und Maßnahmen zur Gegensteuerung, Diplomica Verlag, Hamburg.

Abb. 4 Die Entwicklung des bloggens Quelle: http://www.flowtown.com/blog/the-evolution-of-the-blogger?display=wide Zugriff: 09.12.2011.

Abb. 5: Weboberfläche Mikroblogdienst Twitter Quelle: Eigener Screenshot 20.12.2011.

Abb. 6 Eigene Darstellung Funktionen von Tags

Abb. 7 Arten von Blogs Quelle: Eigene Darstellung vgl. Bernet M (2010). S. 111: Social Media in der Medienarbeit; Online-PR im Zeitalter von Google, Facebook und Co, VS Verlag, Wiesbaden.

Abb. 8 Das Bloghaus von Yellostrom Quelle: Screenshot http://bloghaus.yellostrom.de 05.05.2012.

Abb. 9 Jack Wolfskin Outdoorblog Quelle: Screenshot http://blog.jack-wolfskin.com 20.12.2011.

Abb. 10 Bloglandschaft T-System Multimedia Solution GmbH Quelle: intern Bildrechte bei T-System Multimedia Solution GmbH.

Abb. 11 E-Commerce Blog kanal-egal Quelle: Screenshot http://www.kanal-egal.de Zugriff: 08.12.2011.

Abb. 12 Tag-Cloud Blogs: eigene Darstellung mit Hilfe von http://www.wordle.net mit Inhalten der Seminararbeit